다산초당 가는 길

다산초당 가는 길

윤정인 시집

을지출판공사

❙시인의 말❙

죽계산방의 습기를 딛고
초당에 오른다.
오리의 쉰 목울대 소리에
돌계단 딛는 발걸음이 허공을 젓는다.

마음속의 그림자를 본다.

백일홍 꽃잎은 바래고 약천수는 식어 가고
정석의 음각은 퇴각해 간다.
천일각 발아래
구강포의 치마물결 들추니
연지석가산이 흐느적거린다.

나는 다조에 낀 이끼를 보며
시집 한 권을 쓴다.

『다산초당 가는 길』이다.

2024년 11월 28일

윤 정 인

차례

■ 시인의 말 _ 윤정인 · 5
■ 해설 _ 김우종 · 122

제1부 시인의 마을

굴렁쇠 1 __ 12
귤동마을의 봄 __ 13
장애를 입은 지게 __ 14
석가산 배롱나무 __ 16
초당에서 불어오는 가을바람 __ 18
망초꽃 __ 20
손금의 생명선 __ 21
다산초당 가는 길 __ 22
두엄 냄새는 향기다 __ 24
책상 위의 낙서 __ 26
시인의 마을 __ 28
깔담살이 __ 30

Contents

구강포구 __ 32
꽃샘추위 __ 33
초당의 연지 폭포 __ 34
송충이 __ 36
석문산 __ 38
노약자석에서 __ 40

제2부 목화송이 같은 눈은 내리고

쑥버무리 __ 42
내 컴퓨터 속에 어머니가 게신다 __ 44
연지 옆 배일홍나무 __ 46
노루 젖 빠는 아이 __ 48
목화송이 같은 눈은 내리고 __ 50
잔디바위 __ 52
어머니의 노래 __ 54
사투리로 피는 백련사 백일홍 __ 56
모란 한 그루 __ 57
망초, 그 몽환적 삶 __ 58
피에타 __ 60

Contents

칠칠재 __ 62
뿌리의 길 1 __ 64
맑은눈의쌀 __ 66
뿌리의 길 2 __ 67
그리움에게 __ 68
수선화 __ 70

제3부 다산의 향기

피어오르는 아침 서정 __ 72
정석丁石 __ 74
보릿대가 탄다 1 __ 75
보릿대가 탄다 2 __ 76
봄바람에게 __ 78
굴렁쇠 2 __ 79
강진만을 나는 새 __ 80
학교 가는 길 __ 82
저물녘의 초당 __ 83
옥수수 깡탱이 __ 84
바람재로 가는 길 __ 86

Contents

만덕 사경四景 __ 88
다산의 향기 __ 89
만경루의 아침 __ 90
약천 __ 92
귀먹은 쟁반 __ 93
된장보리쑥국 냄새 __ 94
괴불나무 __ 96

제4부 심장에 피는 홍매

책갈피 속의 새 __ 98
귀리밭에 꿩이 세 들다 __ 100
홍매 피다 __ 102
코로나19 __ 103
두 여인과 갈매기들 __ 104
나르시서스 __ 106
구파발의 비둘기 __ 107
찔레꽃 가시 __ 108
연지 __ 109
초복 __ 110

Contents

평화, 비둘기 __ 112
장롱 속에 산다 __ 114
백일홍의 신음 __ 116
애기 비둘기 __ 117
걸어온 흔적 __ 118
심장에 피는 홍매 __ 119
산들바람 품은 쌀 __ 120
가을 앞에 선 민들레 __ 121

제1부

시인의 마을

낯설게 하기가
아직은 생소하지만
바람처럼 구름처럼
직유가 떠다니고
알 듯 모를 듯한
은유가 손짓하네

굴렁쇠 1

보름달이 환하게 떴다

서울 우리 집에서는
아파트 꼭대기에 떴었는데
시골 할머니 집에서는
앞산 솔밭 위에 뜬다

'나도 굴려 봐야지'
달은 굴렁쇠가 되어 신나게 굴러간다

첫 손주처럼 이쁘다며
할머니 눈가의 주름이
둥근 보름달처럼 환해진다

귤동마을의 봄

닭 홰치는 소리에
여명이 밝아오네

애기동백이 빨간 볼을 하고
열린 창문으로 들어오네

이불 밖의 꼼지락거리는 발가락들과
마당의 봄풀들이 서로
도란도란 이야기를 나누네

노방 마루 위 거미줄은
향기로운 새봄의 물결에 한쪽으로 기우는데

한낮의 나른한 눈꺼풀에
가만히 내려앉는 봄

나와 함께 산야에서 꽃 피우자며
봄이 내 손을 힘껏 잡아끄네

장애를 입은 지게

헛간의 병실 버석한 짚단 침대에
다리 하나 없는 지게가 누워 있다

한쪽 발의 복숭아뼈
언저리가 도드라진 채
깡마른 정강이에서 어릴 적 송아지 냄새가 난다

평생을 한식구로 작대기에 의지하며
주인의 일꾼이 되어 살아왔다

지게의 한쪽 다리가 온전하지 않다면
작대기가 있어도 일어설 수 없는 일

한쪽으로 기울어진 시간과 불공평한 세상살이

소외된 헛간의 주목하지 않는 의료혜택 속에
그나마 성한 마음 하나가 남아
간병을 하는 중이다

거미가 가끔 링거 줄을 만지고 간다
살아야겠다는 간구가
가슴에 똬리를 튼다

음력 유월 보름, 달의 미소가
없는 지겟다리를 위무하려는 듯 환히 비춘다

석가산 배롱나무

연지는 눈과 얼음을 품고 있네

초당의 글 읽는 소리가
오래된 삼나무 대롱을 타고 들려오네

연지 지키는 오리 한 쌍의 목울대 소리가
안개처럼 산골에 쌓이고

배롱나무는
그리움에 목멜까
못다 보낸 사연이 있을까
허공의 발걸음 소리에 귀 기울이네

품어줄 이 없으니
까만 부스럼에 세월만 부끄러워하네

이제는 가고 없는
석가산의 그 빨간 백일홍

대롱에서 떨어지는 물소리만
간간이 흐느끼며
저 멀리 강진만을 바라보네

초당에서 불어오는 가을바람

곡물 상회 앞에 우편함이 매달려 있다

주둥이에 파란 사마귀가 앉아서
유통기한이 지나 배달된
집문서를 들여다보고 있다

언제부턴가
정강이를 타고 내린 한숨이
쓰러져가는 기둥을 보듬고 있다

고지서는 저 혼자 흐느끼느라
우편함을 벗어날 수 없었다

바랜 신문지 한 장이 나풀거리고
사마귀는 엄마의 젊은 꽃신 같은 추녀에 앉아
초당 넘어 불어오는 가을바람을 생각한다

무덥던 여름이 굴동을 빠져나가기 시작한다

백일홍은 잠든 시인을 안고
밤새 붉은 꽃잎을 떨어뜨렸다

강진만 모든 알곡이 영그는 가을이 온다

사마귀 한숨이 우편함에 다시 꽂힌다

망초꽃

잠들지 않은 장대비가
기와지붕을 연신 두드린다

새벽을 부르는 닭의 울음도
빗속에 잠긴 채 뒤척인다

흔들리며 핀 망초꽃도
여러 날 장맛비에 축 처진 어깨로
남새밭을 지키고 있다

먹장구름 사이에
파란 하늘 한 점

하얗게 그리움을 뱉어 내고 있다

손금의 생명선

아침에
빨갛게 부풀어 오르는 여명보다
저녁놀 붉게 물든
황혼이 더 좋다

밤을 지나온 새벽녘
놋쇠숟가락처럼 닳아진 그믐달도
닷 되지기 논바닥이 가뭄에 갈라지듯

주름살 한 줄 한 줄
세월에 매달린다

산사의 침묵이 목까지 차오르고

집안의 깊은 내력이
손바닥에 새겨진다

아래로 길게 뻗어 장수한다는 손금의 생명선
평생 보장 같은 운명의 시간을 고마워해야 할까

다산초당 가는 길

디향이 댓잎의 바스락거림에서 깨어난다

뿌리의 길에 적막이 깃들고
돌계단 하나씩 세며 서암을 지난다

음각의 정석을 지켜온 병풍바위를 내려오니
약천의 조롱박에는 동백잎 하나 떠 있다

세월에 뒤틀린 툇마루 앞에 서서 초상화에 묵례 올리니
다조의 물 익어 가는 맛이 어금니에 꽉 낀다

오리 한 마리가 바랜 낙엽을 깔고
연지 폭포가 석가산의 좌돌을 두드린다

백일홍 분홍빛은 죽은 듯이 고요한데
녹음에 젖은 골짜기는 새소리만 청량하다

천일각의 상투머리 잡고 햇빛 혼자 앉아서
구강포 흐르는 물에 속가슴 날마다 씻어 보낸다

노을로 차를 끓이니
곡우차 향이 초당의 기왓장 속으로 들어가고
일상의 일탈과 게으름은
다산 선생님의 말씀으로 모두 녹아내린다

두엄 냄새는 향기다

온 천지가 진동한다

뻐근한 허리를 두 발로 모으고
매캐한 냄새에 고개를 돌린다

오래전 할아버지가 그랬던 것처럼
아버지도 두엄과 더불어 일가를 이루고
지금 나도 그 냄새와 한식구다

오늘도 굽은 멍에를 지고
대대로 이어온 혈통처럼 충실한 일꾼이 된다

폭 삭히지 못한 냄새 사이로
오월의 끝비가 코뚜레를 적신다
빗물은 향기를 머금고
노릿노릿했던 새싹이 파릇하다

보습에 앉아 생명의 향기를 듣는다

벌렁이는 코뚜레에 숨을 메고
어허이 저리 저릿
흠뻑 비 맞은 몸뚱이에
고삐줄이 찰싹 날줄이 선다

빗물에 젖은 두엄 향기가
강진 들녘을 일으켜 세운다

책상 위의 낙서

닳이 진 연필심에 침을 발라 글씨를 쓴다

암석에서 흑연을 캐내 글자를 쓸 때마다
까만 혓바닥이 먼저 나온다

혀가 날름거릴수록
혓바닥과 입술이 자꾸 검어진다

정리되지 않은 생각들은
집게손가락이 침을 발라 지운다
다 닦지 못한 흔적은 시꺼멓게 남는다

긁힌 책상에다 그림을 그린다
걸상은 앞뒤 좌우로 삐걱거린다

엄마의 팔에 어린 누이동생이 안기고
옆에 서 있는 형의 모자를 삐뚤게 그린다
남새밭 울타리 옆에 소나무 한 그루 세우고

뒷산에다 구름 한 삽 얇게 뿌려 준다

집안의 내력들이 연필심으로 모인다

몽당연필이 추억 속에다 시를 쓴다

종일 소매 끝 콧물은 말라 햇볕에 반질거린다

시인의 마을

詩라는 배를 탄
사람들이 모였네
멀리서 가까이서
도암에서 성전에서
몇 줄의 시를 찾아
사람들이 모였네

낯설게 하기가
아직은 생소하지만
바람처럼 구름처럼
직유가 떠다니고
알 듯 모를 듯한
은유가 손짓하네

시인의 마을에서
詩를 심는 초보 농부
논농사 밭농사 지어봤지만
시 농사는 어려워서

걱정이 앞서기만 하네

무슨 싹이 나올지
무슨 열매 맺을지
오늘도 하염없이 기다리네
시인의 귤동마을*에서

* 다산초당 초입 마을

깔담살이

손가락 사이로
더운 숨이 들어오는 나른한 봄
쟁기질 전에 점검을 한다
성에와 술을 조정하고
보습을 끼워 볏을 못으로 고정한다
암소의 정갱이가 도드라져 튼실하다
땀 젖은 코뚜레에 숨이 붙고
콧물이 입가의 긴 혀를 핥는다
쇠발굽 소리에 느린 오월이
한 사발 시름을 담아 보습에 내려놓는다
성에를 꽉 쥐고
이랴 이럇,
애기 일꾼의 논가는 베잠방이가 땀에 젖는다
식을 줄 모르는 한낮의 더위에
볏이 굳은 땅을 갈아엎는다
무논에 기운 오후
누워 있던 논두렁이 길게 하품을 하고
궁둥이를 석양에 턱 내려놓는다

애기 일꾼은 지게에 작대기를 받치고 쟁기를 올린다
'아따, 오늘 고생했다
언능 집에 가서 소죽 맛있게 먹자'
토닥여 주물러주는 멍에 자리가 축축하다
긴 혀로 하루의 땀을 핥는다
암소의 코뚜레에 노을이 저문다
지친 날개를 접고
강진만에서 날아온 왜가리 한 쌍
빈 들녘 바라보며 고된 몸을 추스린다

구강포구

벚꽃이 조용히 떨어지고
나는 어쩔 줄 몰라 허공을 삼키네

묵직한 통나무가 뿌리째 다가와
깃대봉 깃대에 향기 피워 오르기만 기다렸네

오늘도 해는 숨을 참고
벤치 한쪽에 웅크리고 있네
서녘 바람이 목덜미를 만지고
파란 잔디가 조용히 잠을 설치네

이름 모를 새소리가
구강포구* 잔잔한 파도 위에 뒤척이듯
화음을 묻었네

나폴나폴 떨어지는 벚꽃이
누군가의 마음을 위무하는 노래 같네

* 강진군 귤동마을 앞에 있는 포구

꽃샘추위

동백꽃을 보면
심장이 붉게 출렁인다

때늦은 추위 때문에
내 삶의 얼룩조차 지우지 못하고
겨우 끌어안고 산다

고난이 어금니에 꽉 낀다

꽃피는 소리조차 흐릿한데
머리 눌 곳 없는 마음이 동백꽃처럼 붉다

한쪽 얼굴로 세상을 보고
계절의 변방까지 몰리고 있다

초당의 연지 폭포

밤새 세차게 몰아친
초당의 비바람

토방에서부터 뒷마당까지
구석구석 깨끗이 쓸고
먼지 낀 마루도 말끔하게 닦아냈다

초당의 뚫어진 창호지에
눈의 초점을 모으고
초상화에도 묵례를 올린다

다산 선생님의 온화한 미소가 맑았을 것이다

탁, 탁, 탁,
떨어지는 삼나무 대롱의 물소리가
연지로 목민심서를 읊어 내리듯 경쾌하다

돌 오리 한 마리가 물을 받아 마신다

'청렴한 이후에 백성을 사랑할 수 있다'는
다산의 가르침이
오리주둥이에서 흘러내린다

이윽고
연지는 청량하게 찰랑거리고
사금파리 같은 윤슬과 폭포의 화음이
풍경 소리 타고 날아오른다

송충이

해가 서산마루 보릿고개에서 쉬고 있다

야금야금 뜯어 먹고
똥배만 채우던 수전노

무더운 대낮의 그늘을 밟고
어기적어기적 내려온다
노랭이의 하루 일과다

하릴없는 날
산 그림자와 함께 산으로 들어가더라는
산비둘기의 소리를 들었다

며칠 후
비둘기가 부고장을 물어다 놓고 간다

아랫동네 할머니
'에라, 영감탱이 잘 죽었다

뒈져서 선하다
콱 뒈 뒈'

제 몸 살랐던 일생은 오직 먹성뿐이었다

뱉은 침을 뒤꿈치로 짓이긴다
뿌지직 배 터지는 소리
내장을 꺼멓게 토해 낸다

솔잎으로 무덤을 만들어주고
잘 가쇼,
코맹맹이 소리가 서산을 넘어간다

석문산

녹색칠을 온몸에 뒤집어쓴 듯
바위산의 능골 사이로 소나무들이 울창하다

계곡 좌우의 무게만큼
석문은 가볍지 않다

멀리서 보면 하늘을 나는 것처럼
윤곽이 수려한데
각종의 나무들이
천 종의 색으로 석문산에 모인다

번뇌는 구름처럼 흐르고
등줄기를 타고 내리는 풍경 소리 조요하다

용문사* 큰법당이 우람한 듯 서 있는데
억새는 석문산** 중턱에서 머리채를 흔든다

큰바위 아래서
젊은 여인의 합장에
목탁 소리는 석문계곡에 그윽하게 쌓이고

기와집 합각머리*** 저녁노을은 천년을 배웅한다

  * 석문산에 있는 절
  ** 강진 도암에 있는 산, 일명 소금강이라 하여 경관이 빼어남
  *** 한옥 팔작지붕의 꼭짓점

노약자석에서

노약자 지정석에 서서 지하철을 기다리는 지팡이

전동차가 들어오고 문이 열린다

지팡이가 재빨리 자리를 잡는다

잠시 엉덩이를 붙이는가 싶었는데

앞쪽에서 조심스레 배를 안고 임산부가 다가온다

순간

지팡이가 가볍게 흔들리다가

벌떡 일어나

앉아요

난, 지팡이가 있으니

제2부

목화송이 같은 눈은 내리고

이불자락을 꿰매는 바늘 끝이
유난히도 쭈뼛한 밤이다
밑줄 긋는 침묵마다
멍든 심줄이 별처럼 박힌다

다람쥐가 물어다 놓은 밤夜이 바늘귀를 빠져나간다

쑥버무리

길게 늘어진 하품에서
삼월이 묻어 나온다

들녘 나른한 볕에 한 무더기 쑥이
보리밭 사이 숨어 있다

쑥 내음에 볼은 잔뜩 부풀어 오르고
보리 싹의 파릇한 향은 코 밑에서 올라온다

어머니의 쑥버무리의 맛이
몽실한 가슴처럼 폭신폭신하다

논둑에서 길게 기지개를 켜는
보리 순과 어린 쑥은
한 계절을 살아가는 공동의 운명이다

향기를 먹는 벌이
분주하게 꽃들을 향해 나래짓을 한다

자기만의 언어로
미래의 꽃들에 대해 감사를 얘기하는 것일까
대칭점에 이르려는 생존의 법칙이다

지긋하게 휘어지는 산허리에서
어머니의 쑥버무리 연둣빛 미소를 어루만진다

땅거미가 내려와 동행을 한다
산골짜기 휘돌아
부엉이 울음도 쉬어 간다

내 컴퓨터 속에 어머니가 계신다

유리창 너머로

눈이 날리던 기억이 뽀득뽀득 걸어온다

문풍지 우는 소리가 내 유년을 소환한다

정성스럽게 싼 도시락을 품에 안고
학교 운동장을 성급하게 가로지르는 어머니
아들이 어디 앉아서 공부하는지
교실 안을 기웃거린다

선생님 수업을 들으며 기회를 보던 어머니가
차가운 복도에서 손짓을 한다
당신의 눈 속에 아들만 보인다
아들의 눈 속에는
어머니 손에 들려 있는 도시락만 보인다

2층 찬합 도시락에 산수화 같은 반찬이 담겨 있다

배가 불러오는 산수화를 바라보면
흐르는 시내에 고추장 멸치볶음이 헤엄치고
뜰에는 계란말이가 꼬꼬댁거린다
텃밭에는 깍두기와 김치가 익어 가고
가마솥 누룽지 냄새가 교실에 훈훈하다

그때부터 어머니의 고추장 멸치볶음과 계란말이가 좋다

지나간 시간을 복원할 수만 있다면
당신의 표정에 온통 분홍색을 칠해 드리고 싶다

어머니의 추억이 내장되어 있는
컴퓨터를 열고 가끔 그리움을 초대한다

연지 옆 백일홍나무

돌을 던진다

연지*는 파문이 인다
모든 자유로움 가운데서도 초당은 으뜸이다

꽃들은 길손의 눈길로 핀다지만
내 생애 꽃은 가난이 절반이나 차지하고 있다

허물어진 맘 저켠에
손 내민 백일홍의 아픔을 차마 보지 못한다

텃자리는 습기가 많아 병이 들어
초록 성성한 잎 하나 제대로 간수하지 못하는
연지 옆 백일홍 나무

올해도 노란 이파리 달랑 몇 개 쥐고
해진 손금만 들여다본다

그림자를 숨긴 구름이 산마루를 넘는데
다산의 올곧은 말씀이 들리는 듯하다

병든 백일홍이 신음을 토해 낸다
큰 나무 그늘에 덮여 탄소동화에 어려움을 겪는다

몸피는 덕지덕지 세월의 때가 절은 백일홍나무
매미 소리 한 번 앉지 않는다

  * 연지 : 다산초당 옆 연지석가산

노루 젖 빠는 아이

'밤앞에' 라는 동네의
논가에 들샘이 하나 있다

가끔 노루가 와서
얼굴을 처박고 물을 먹는다

초가집이 햇볕을 쬐고
삽살개가 토방에서 집을 지키며 자고 있다

팽촌양반의 다섯 식구도 이 들샘 물을 마신다

아침저녁으로 가마솥에서 할아버지의 이야기가
누룽지처럼 구수하게 번덕지에 내려앉는다

냇가의 개구리 냄새가 샘가로 모일 때면
멀리 보이는 깃대봉은
초가집들을 바라보며 안녕을 빌어 준다

오후 나른한 무렵
젖 밴 노루가 물을 먹으러 온다

팽촌양반 막내아들놈이 노루 배에 붙어 젖을 빨고
가을 낟가리 사이를 뛰어다니더니 산으로 들어갔다

단풍잎 다 떨어지기 전
가을비 내리는 어느 석양에
어미가 새끼노루만 데리고 들샘에 물을 먹으러 왔다

그윽하고 깊은 과거가
맑고 찬 슬픔처럼 들샘 물로 솟아오르고
들녘의 귀뚜라미도 덩달아 운다

목화송이 같은 눈은 내리고

어머니의 패인 주름 속에는
깊은 세월이 딱지처럼 굳어 있다

더러 멀리 가지 못한 시간이
회오리처럼 주위를 떠나지 못한다

이불자락을 꿰매는 바늘 끝이
유난히도 쭈뼛한 밤이다
밑줄 긋는 침묵마다
멍든 심줄이 별처럼 박힌다

다람쥐가 물어다 놓은 밤夜이 바늘귀를 빠져나간다

오신다는 발소리는 들리지 않고
솜이불 한 채가 베개만 이고 있다

함박눈이 조용히 쌓이고
다산초당은 고즈넉하기만 하다

헐벗은 배롱나무 가지마다 눈이 덮여
몇 번의 잠을 깨게 한다

흰빛의 적막뿐인 새벽까지
목화송이 같은 눈은 내리고

잔디바위

햇살은 뉘엿뉘엿
잔디바위에 산그림자를 앉힌다

입에는 강진만 파도 한 모금
눈에는 그리움 한 바가지

쪽배가 뒤척일 때마다
바닷새가 하얀 거품을 물고
밀물을 타고 날아온다

구강포 물결이 출렁일 때마다
잔디 바위도 두근거렸으리라

굳어져 펴지도 못한
저 산마루의 소나무 등걸

노을에 반짝이는 개펄이
남도 가락처럼 구성지다

고고한 천일각天一閣*의 자태
산허리를 품고 아득한 평정에 들었다

* 다산이 유배 생활의 시름을 달래던 곳.
 잔디바위에 천일각이 세워졌다

어머니의 노래

고운 꽃처럼 단아한 모습
곱게 빗은 쪽머리

파뿌리 홀로 되어 맺힌 눈물
새벽이슬로 씻어 온
어머니의 세월

지난 일 하얗게 잊은 채
사진 속 꿈만 무연히 쳐다보는
103세 울 어머니

석류나무 그늘 아래
축음기 소리 가운데 두고
울 어머니 울 아버지 함께 듣던
그 시절 아련한 노래
어머니의 그 노래

노랫가락처럼 시간은 흘러

박자 없는 손뼉 소리만
방 안에 가득하네

나 어릴 적 어머니의 시간이
사진 속에 멈춰 있네

사투리로 피는 백련사 백일홍

백련사 풍경 소리
들리듯 말 듯한데
꽃잎조차 사투리로 벙그는구나

울 엄니 버선발로 달려와
간지러운 간지럼나무
손톱으로 박박 긁어 줬을 텐데

둥근 어깨 세월에 내어 주고
마음 첩첩 묻어 놓고

산문 밖으로 나가지 못하는 수형을
그윽한 향기로 풀어내니

북망산천 울 엄니
구강포 파도 소리 타고 오시더라

모란 한 그루

정성껏
옮겨 심은 백모란 한 그루
뒤돌아 뒤돌아서
하늘 문득 쳐다보니
불현듯
떠밀려오는 그리운 님 생각

나의 봄은 언제일까

바람의 손을 잡고
잊은 봄을 찾으러
영랑 생가 달려왔네
그곳에
모란꽃 활짝 웃고 있네

망초, 그 몽환적 삶

먼 시절 가 보지 못한 곳

아메리카에서 귀화한 망초

흰 속잠 어두운 가장자리에
보초 서듯 산비탈 움켜쥐고 있다

설킨 나무의 군상들 틈에
발걸음 소리 허공에 뜨고 뚝 끊어진 길을 건넌다

근생엽의 꽃이
계란 프라이 모양으로 피어 있다

계절의 중심으로 들어와
일평생을 흙에 머문다

묵정밭 소곤대는 언어가
꽃그림자에 발이 묶인다

허기진 생 부여잡고
뿌리를 갈퀴처럼 부둥켜안았다

떨구고 난 바람 끝에
매달린 꽃들이 군락을 이룬다

망초꽃, 산비탈에 몽환의 터를 만든다

피에타

벌과 나비가 짝짓기하는 5월,

풍성한 꽃들과
돌담의 장미들이 길게 늘어서
성모님께 드릴 화관을 만든다

달과 별이 밤을 맞고
귀리와 보리 알곡들은 달빛에 영글어 가는데
별빛은 녹아 온 대지가 풀비늘이다

별들이 촛불 위로 내린다

부엉이 울음이 묵은지처럼 깊게 익어 가는 밤이다

피에타를 지키는 촛불이 조요하다

고통을 삼키는 장면이 마지막이 아님을 안다
어머니의 눈에 눈물이 고이고

아프게 감춰진 것들은
깊게 흘러내린다

꿰매지도 못한
또 하나의 아픔을 가져가야 하는
많은 상처가 있다

당신의 보살핌으로 촛불은 꺼지지 않는다

담장에 올라 아름답게 꽃을 피운
빨간 장미들이 화관을 씌운다

5월의 향기가 한데 모여 성당 안에 가득하다

칠칠재

음력 팔월 초엿새
여명이 아스팔트 위로 올라온다

한사코 뒤로 돌아가는 바퀴에 눈물이 채인다

위패에
'현 비유인 청풍김씨 신위'
향 촛대가 목울대 아래서 깜박거리고
꺼억 꺽, 목쉰 상자 가슴
십여 년
망각의 삶이 차라리 행복한 시간이었다

모든 것 벗어 던지고
저 너머에 모락모락 피어오르던 향기는
아랫목에 묻어둔 하얀 밥 내음이다

깔끄막 고개
턱밑까지 올라온 숨을 삼키며

항상 함께였던 가학재 고추밭 길은 추억이었고
비둘기 발가락처럼 빨갛던 목화 벌레는 시련이었다

그날에
모시 적삼, 분 바르고 댓님 고이 동이시고
하얀 고깔 쓰신
속살 내음이 하얗다

고운 손으로 일일이 손잡아주시고
곱게 꾸민 명주 두루마기
동여맨 여섯 풀이
삭힌 눈물 가슴에 품고 말없이 그냥 가신다

구월 스무나흗날
홰치기 전
칠칠재 넘어가시는 길
찔레꽃 하얀 꽃향이 눈물에 녹아들고
행여 마음 아플까
어머니 끝내 뒤돌아보지 못하신다

뿌리의 길 1

다산초당 가는 길에는 전설이 있다
뿌리가 산 채로 묻혔다
밤마다 마을로 내려와 사람들과 한숨을 쉬었다가 간다
혼은 무덤 속에 누워 있고
화장기 없는 수국이 길손을 맞는다
오가던 산비둘기들만 가끔 문안을 한다

제자 윤종진의 묘는
초상화에 참배를 드리고
녹우차 한 잔을 뿌리의 길에 삼가 삼배 올린다
역사의 편협한 사고에
아무것도 할 수 없는 무력함이
이 땅에 죄인일 뿐이다
뿌리의 길은
다산초당을 기억하는 모든 사가들의 전설로 남는다
성인들의 숨소리는 뿌리와 함께 묻히고
후세에 이 길은

찾는 이들의 발길을 돌려세울 것이다
백여 년의 배롱나무는
후박나무 그늘에서 햇빛 한번 제대로 보지 못하고
극심한 스트레스로 죽어 가고 있다
다산초당의 소중한 역사가 저항 없이 스러져 간다

  * 뿌리의 길 : 다산초당 초입에 있었으나 탐방로를
      재정비하면서 없어졌다

맑은눈의쌀

수원이골 찬 물소리로 키운
황금 낟알을 거둔다

알맹이는 밤톨처럼 탱탱하고
색깔은 농익은 은행 같다

청정 햇살에 바짝 말린 가을을
소쿠리에 차곡차곡 담는다

시인의 낱말처럼 맛깔스러운
초당골 한옥의 아침밥상 같은

아, 정녕 너는 새벽에 내린
이슬처럼 영롱한 보석

* 맑은눈의쌀 : 저자가 상표 등록한 강진만 유기농 쌀

뿌리의 길 2

다산초당을 향한다

한참을 오르다
참나무에 기대고 문득 위를 보니
산비둘기 두 마리가
다산의 이야기라도 나누는 듯 꾸우꾸우 소곤거린다

얽히고설킨 실타래 한 올 한 올 손끝으로 헤아리고
의관을 가다듬고서야 북새 손을 잡고
뿌리의 길을 오르시더라는 이야기

구강포구 소소리바람이
귤동마을 대숲을 지나 뿌리의 길을 오르고 있다

모든 길은 뿌리를 관통하고 있었다

그리움에게

아무 소리도 없습니다

단지 하얀 벽에 그려진
지나가 버린 침묵의 그림자만
있을 뿐입니다

발소리도 보이지 않습니다

숨소리는 그냥 놓아둔 채
당신의 눈빛만
거기 있을 뿐입니다

사랑한다는, 사랑했다는
사랑해 줄 거라는
말도 하지 못했습니다
뜨거운 나의 심장 하나
쥐어 주지도 못한 채
어제가 간 줄도 모르고

내일을 맞이합니다
오늘은 그냥 잊은 채로

약속 없는 그리움을 향한
당신 입술에
사랑을 입맞춤합니다

평온한 어둠이 내립니다

당신의 그윽한 미소에
내 눈빛을 얹습니다

수선화

쪽머리 노란 댕기
시집가던 그 봄날

누이는 한사코 눈물을 훔쳤지요

뒤돌아 뒤돌아보며
가마에 올랐지요

꽃바람 시샘달을 잘도 건너서
물오름달 초입에 선
서 수선화

올해도
활짝 피었습니다
귤동 고향 집
울 밑에서

제 3 부

다산의 향기

가을은 오곡을 물들이며
강진만 저 너머로
노을을 끌고 가네

다향 그윽한 초당길 대숲은
다산의 깊은 뜻에 고개 절로 숙이네

피어오르는 아침 서정

이슬 밟으며 계단을 오른다
골짜기는 수채화를 완성하느라 분주하다

대나무 관절에 초록이 돋고
소나무는 산봉우리를 향해 청정을 뽐내고
아침은 모락모락 피어오른다

목탄 보일러의 매캐한 냄새가
산속까지 따라와 내 콧구멍을 자극한다

고즈넉이 하늘을 받아낼 연지에
오리 두 마리가 유영을 한다

물결도 잔잔한 구강포를 바라본다

개펄을 타고 밀물이 올라오고
짭쪼롬한 소금기가 강진만을 빠져나간다

해는 천일각 기와 위를 지나간다

연지 물소리 졸졸졸 실타래 풀리는 소리처럼
주위는 온통 싱그러운 아침이다

뒷산을 내려오며 커지는 내 발자국 소리

정석 丁石

삼나무 대롱을 타고
초당의 글 읽는 소리가 연지에 흘러
하늘이 동심원을 그린다

떨어져 쌓인 낙엽처럼
해진 책장 속의 기억들은
뒤틀린 생각과 세월의 시간이 함께한다

외로이 연지를 지키는 오리 울음이
석가산 골짜기를 타고 흐른다

다조에 흘린 곡우향 물고
산비둘기 한 마리 퍼드득 서암재를 넘어간다

죽림 사이 흩어진 길을 한데 모으니
강진만의 올곧은 길 하나 생긴다

정석 丁石이 새겨진 초당 가는 길이다

보릿대가 탄다 1

타닥타닥 탄다

바닷새가 놀라
푸다닥푸다닥
허겁지겁
맨발로 날아오른다

가시 눈물 글썽이며
향기를 토하듯 보릿대가 탄다
향기만 혼자서 타고 있다

커튼이 열리고

붉게 물든 구름 한 채가
향기 다발을 들고 서 있다

보릿대가 탄다 2

보릿대가 타고 있다

타는 연기가 바다를 덮고 하늘을 가리니
해는 희미한 형체만 보인다

논바닥은 숨을 잃어 간다
연기가 발등을 덮치고
발가락이 양말을 뚫고 숨을 쉰다

숨 끊어지는 소리가
등줄기로 슬프게 흐른다

연기는 해 밑에 머물고
보이지 않는 곳까지
속 타는 애끓음만 한가득 보낸다

메뚜기도 가재도 꿀벌도
강남 갔다 돌아온다던 제비도

작년에 우리 논에서
물 한 모금 축이고 가더니
영영 소식이 없다

다 타고 없는 보릿대를 바라본다

봄바람에게

아야,

풀잎 위에 앉아
마음만 만지고 가니

하얀 민들레
그 손 놓지 못해

부둥켜안고
밤을 새웠는데

새벽닭 울음에
따스한 품 버리고

뒤돌아보지도 않고
그냥 가니,

아지랑이처럼 소리 소문도 없이
그냥 훌쩍 갔니?

굴렁쇠 2

앞산에
둥실 떠서
소나무 위를 굴러간다

손주 녀석 신나니
벌렁이는
할머니 코

앞산 달
굴렁쇠 되어
굴러굴러 굴러간다

강진만을 나는 새

먹먹한 그리움이 하늘을 떠다닐 때면
봄은 꿈처럼 찾아왔다

날아간 흔적을 남기지 않는 새는 더 높이 날고
강진만은 은하수가 되어 흐른다

창호지처럼 하얗게 너풀거리는
갈길 잃은 상념의 파편들

무지개 뜨는 산마루에서 빛나는 빛은
소나무 가지를 키우느라 한창인데

마음이 갈피를 잃었다
다리의 근육도 후들거린다

모질게 흐르던 눈물은 끝내 핏줄로 터지고
혈관을 이탈한 아픔은 심장까지 젖어온다

구천의 넋이 통곡처럼 떠도는 망월에
슬픈 그리움이 오월의 하늘을 뒤덮고 있다

살아남기 위한 생존의 몸부림은
갈비뼈 마디마디에 켜켜이 쌓여 있다

강진만을 나는 새를 바라보는데
속절없는 비가 뼛속까지 추적추적 내린다

학교 가는 길

소복이 눈 쌓인
양지밭 지나 학교 가는 길

싸리나무 밑에 주먹만 한
고구마 한 개 몰래 묻어두고

학교 파하기 무섭게
총총 달려가 한 입 베어 무니
부래옥 아이스께끼보다 차다

하지만 찢어진 까망 고무신과
바꿔 먹은 엿보다 달다

하굣길에 몰래 먹던
추억의 물고구마

그 시절로 뒷걸음질칠 수 없어
멀리 하늘 바라본다

저물녘의 초당

　뒤틀린 툇마루 기둥에 기대서 오래된 시간의 갈피를 읽는다

　약천수 땅은 깊은 곳으로 잠긴 지 오래고 백일홍 눈이 붉는 8월

　연지에서 놀던 잉어도 사라지고 오리 한 마리 못 홀로 지키고 있다

　다산의 정석丁石 아래 저녁놀로 차 끓이니 곡우차 향이 서녘으로 물든다

옥수수 깡탱이

옥수수밭에 까치들이 날아들었다

어느 날 쳐다보니
하얗게 바랜 구름 한 점이 수숫대에 묻어 있다

알곡만 쏙쏙 빼먹은 옥수수 깡탱이가
깃봉처럼 꽂혀 있다

알맹이는 까치의 뱃속에서 잉태되었다

이곳저곳 날아다니면서 아기를 낳으니
이 구릉 저 구릉에서
아기 수염 쓰다듬는 소리가 소스락거린다

잡초 사이를 비집고 조막손 쥐는 볕 아래

호미처럼 구부러진 까치 주둥이가 밭을 맨다
선대로부터 물려받은 습관이다

바람 부는 소리가 강진만을 휘돌고
빈 옥수숫대를 휘이잉 스친다

다음날 옥수수 깡탱이에서 날개가 돋았다
까치가 구름 한 폭에 올라타 깃대봉을 넘어간다

바람재로 가는 길

산허리를 밝힌 벚꽃들이
날갯짓을 한다

아마 수십 년 전에 까치 두 마리가 버찌를 물고
산길로 들어가더니 똥을 쌌나 보다

온통 산벚꽃 천지다
눈꽃빙수처럼 눈부시다

예쁜 아기 엉덩이 같은 꽃들이
가지가지마다 다소곳이 앉아 있다

소나무 틈새로 켜켜이 햇빛이 비추고
강진만은 허리가 접힌 채로 흘러간다

한 골 너머 바람재로 가는 길에는
돌들이 서로 살갗 비비는 소리가
도랑 물소리와 자갈자갈 화음을 맞춘다

산마루에 북새가 내릴 때쯤

부엌에서는 솔잎 타는 연기가
먼 추억처럼 가물가물 피어오른다

엄마의 가르마길에 땅거미가 찾아든다

만덕 사경 四景

민경루 난간에 안개가 자욱하다
아랫목 회색 이불이 가지린히 누워 있고
부엌엔 싸리나무 연기가 가마솥을 가린다

가마솥에 이팝꽃이 한가득 피었다
공양간 누룽지 냄새 백련 결사 요람 성지
대웅전 자갈마당에서 법문을 듣는다

만덕산 정수리에 아침이슬 내리고
봉우리에 서린 구름 백련사에 길게 닿고
구강포 물줄기 따라 새들은 높이 난다

곡우향 그윽한 초당길 대숲 지나
들녘에 깔린 햇살 오곡을 물들이고
뿌리의 길 들어서니 만사가 평안하다

다산의 향기

만덕산을 쳐다보니
달빛이 초당에 내려앉네

고니 떼 노니는 대섬도 춤을 추네

가을은 오곡을 물들이며
강진만 저 너머로
노을을 끌고 가네

다향 그윽한 초당길 대숲은
다산의 깊은 뜻에 고개 절로 숙이네

만경루의 아침

창문에 아침이 스며든다

매화는 겨우내 허공을 이불 삼아
눈 비늘에 붉은 꽃망울 넌지시 감쌌다

노크 없이 창밖을 서성이는 빛의 그림자

한옥의 격자무늬 창이 열리고
햇빛이 재빨리 대들보를 비추면
진을 친 거미줄에 딱 걸린다

시간이 흐를수록 아침은 더 싱싱해진다

솔향 가득한 레드파인 차탁 위에
어문 양각도의 날렵한 허리가
구강포 물줄기인 양 흐르다가 멈춘다

보이차 향을 떠올리는 시인은

백련사 만경루 두 아름 기둥에 기댄 채
그리움에 넋을 싣는 것일까

까치가 물어다 준 새해의 씨앗이
움트고 무럭무럭 자랄 때쯤에는
절 한 채가 따라올까

바람조차 숨죽이는 아침은
보이거나 보이지 않은 모든 만물이
휘껏 기지개를 켜게 한다

약천*

별빛과 말씀만이 담긴 샘

그 속에는 향기가 넘치고
돌 틈에는 생명을 노래하는 이끼가 산다

청정한 샘물은
무지개 빛깔을 품고 솟아오른다

조롱박 하나가 물 위로 내려오면
약천수는 말없이 제 몸을 내어 준다

물그림자가 윤슬처럼 반짝이듯이
무심한 세월만
내 가슴속으로 흐르고 있다

*다산초당의 4경 중 하나

귀먹은 쟁반

보름달은 다정하게 쟁반의 형상이다

구름에 가려 한쪽이 보이지 않는
쟁반은 귀가 먹었다

석가산 마루가 나를 넘어왔다

부채 같은 솔잎을 달빛에 깔고
소반에 간소한 제사를 얹는다

만덕산 기슭에 뜬 달은
객지로 흩어진 자식들을 불러 모은다

쟁반에는 하얀 분, 한 곽이 담겨 있다
야심하여 부엉이 소리가
축문을 물고 적막을 나른다

귀먹은 쟁반 속에 추석이 둥글게 떴다

된장보리쑥국 냄새

논두렁에 보드란 쑥들이 나란히
봄을 기다리고 있다

엄마의 부엌에서는 된장보리쑥국 냄새가
고잔동* 들녘에 아지랑이처럼 피어오르고
수원이골** 메아리도 허기진 배를 움켜쥐고 내려온다

소주에 취한 것처럼
냄새에 취해 비틀거리며 오던 해도
솔가지에 한쪽 다리가 걸려 있다

논두렁에 소담하게 솟아난
연한 쑥을 정성스럽게 뜯어 왔다
솔가지에 걸터앉은 해를 불러 불을 지피고
쌀가루 약간 넣은 보리쑥버무리와 전을 부치니
모락모락 보리쑥향이 구름 위로 올라간다

된장보리쑥국 한 그릇이

초근목피로 주린 배 채우던 보릿고개를 소환한다

허리띠 풀어내니 헌 배가 새 배 된다

   * 옛 군사들의 활쏘기 과녁이 설치되어 있던 곳,
     지금의 고사동 마을
  ** 귤동 들녘의 서쪽에 위치한 산골짜기

괴불나무

초당골 한옥 마당에 아침이 온다

괴불나무는 먼 걸음 길손을 반긴다

'제 이름은 괴불나무입니다'

시도 때도 없이 '너는 누구냐' 고 물으니
아예 이름표를 달았단다

어떤 길손은 이름표를 보고도
'인동초' 냐고 묻는다
'꽃만 닮은 먼 친척' 이라고 대답해 준다

격자무늬 창호지 문을 열고
미소 짓는 여인의 얼굴이
괴불꽃처럼 환하다

제 4 부

심장에 피는 홍매

잔디에 하얗게 내린 이슬을 밟으며
왼 가슴으로 홍매 한 송이 심장에 뜨겁게 핀다

안개가 돌 틈에서
갓 솟은 수선화에게 입술을 뺏기고
솔바람 향기가 잔디에 몸을 누인다

책갈피 속의 새

어둠이 갈피를 접는 사이
산사의 부엉이 소리가
밤의 모서리에 내려앉습니다

툇마루 배부른 기둥에 별빛이 미끄러지고
그림자가 내려와 배만 자꾸 만집니다

대웅전을 서성이던 부엉이가
풍경 소리에 추임새 넣듯 밤새 울고
별이 지자 동백꽃들은 골물 소리에 귀를 세웁니다

법구경 목탁에 새벽부터 배롱나무꽃 깨어나고
오랜 풍경 소리가 경전에 들어
어머니의 하얀 가르맛길을 갑니다

새벽이 또렷하게 다가옵니다
노란 눈이 어둠 속에 등불을 켜면
숨바꼭질이 시작됩니다

백련사 만경루에 앉아
이윽고 숨바꼭질이 시작되자
책갈피 속에 있던
들쥐 병아리 물고기 도마뱀 등 파충류가
글자 사이로 전부 숨어 버립니다

수많은 글자 속에서도
시청각이 발달된 새는 어렵지 않게
술래를 찾아냅니다

그 후 넻몇 글자의 모음 자음마저도 없어졌습니다
책갈피 속의 새도
날이 새자 보이지 않습니다

숨바꼭질은 끝났습니다
새벽이 다가오는 소리가 나자
아무렇지도 않게 책을 덮습니다

귀리밭에 꿩이 세 들다

푸릇한 귀리들이 봄바람에 살랑거리고
무논의 잔다랑이에 이슬이 녹아든다

오월 해가 좋은 날
산밑 귀리밭에 장끼 부부가 세 들었다

귀릿대로 실내장식을 하고 차실을 꾸민다고 법석이다

지붕은 필요 없다
이슬이 내리고
별 헤는 밤에 소리 없이 시는 흐른다

어느덧 세월의 약속인 양
꿩병아리들이 태어났다

적멸에 든 것일까
어미의 환한 울음이 산벽을 송두리째 부순다

날마다
쌀귀리밥을 고봉으로 채우고
틈나는 대로 귀리쌀 사냥을 가르친다

세 든 자리에는
귀리쌀 쭉정이만 가득히 쌓였다

배고픈 자리가 여름 땡볕으로 허기진다

홍매 피다

찬이슬 품은 풀잎의 속닥거림에

귀가 간지러운 늦겨울 아침

잔디 위에 구슬 같은 이슬이

은하수처럼 흩어져 있고

촉촉이 젖은 비사리 깔린 언덕 위에

홍매 한 송이 뜨거운 심장을

드러내 놓고 피어 있다

부챗살처럼 퍼지는 햇살에

홍매 붉게 물이 든다

코로나19

세상 밖에 버렸을까

마스크에 갇혀 버린 기억들

그 어둠을 털고 날아야 하기에

너와 나, 오늘 다시

이 따뜻한 흙을 밟으며 걸어야 하네

반쪽 얼굴로 서로

눈 맞추며 미소를 짓네

빛이 사라진 쪽으로

계절의 빈자리가 들어오는데

구강포구 저 일출이

나를 알아보고 반기네

두 여인과 갈매기들

부서진 폐선 하나가
후미진 해변에 편안히 누워 있다

끼르륵 끅
갈매기 똥이 갑판을 하얗게 칠하기 시작한다
지붕을 이고
바닥을 눕히고
불그레한 노을로 도배를 마친다

새벽을 달려온 수평선은
사금파리처럼 눈부시게 예리하다

간밤의 파도에 놀란 듯
플라스틱 의자와
귀 떨어진 탁자와
쓰다 버린 행주와
청자 컵 둘
밀물 따라 배 주위에 모두 모였다

차례대로 줄을 세우니
모래뿐인 해변에는 카페 하나가 생겼다

썰물에 갇힌
폴 고갱의
'타히티의 두 여인'이 카페에 있다

첫 손님에 갈매기들이 부산하다

나르시서스*

옷고름에
눈물 씻어
그 눈물로 싹 틔우니
서릿발에
내민 싹이
누이처럼 수줍게 컸네
새초롬 잎새 사이로 수줍은 듯 예쁜 얼굴

눈 속에
모아둔 색
하얀색 노란색
지금도 찬바람에
볕 드는데 찾아 피네
수선화
머리에 꽂고
수줍은 듯 붉어지네

  * 수선화

구파발의 비둘기

아스팔트 위로 꽃잎이 떨어지고
비둘기 두 마리 전동차를 기다리고 있다

오는 꽃들과 가는 꽃들이
부지런히 서로 마주보는 아침

유난히 가슴 따스한
구파발의 아침 해가 핀다

분주한 도로의
모락모락 피어오르는 매연차 한 잔이
비둘기 허기를 메꿔 준다

나는 구파발역에서
비둘기의 붉은 발가락에 묻은
어머니의 그리움을 쓰다듬는다

찔레꽃 가시

터질 듯한
모시 적삼 속살 내음
하얗네

간밤에 뿌린 이슬, 버선발로 적시우고

찔레꽃
머리에 이고
우리 님만 홀로 있네

가시에 찔린 상처
망울져 아려 오고

밤낮없이 젖은 수건이 애태움에 마르네

우리 님
혼자서 가네
다산초당 오솔길로

연지

여름 한낮, 백일홍 그늘의 매미 소리 요란하다

다산의 글 읽는 소리 들릴 때마다
뽀끔뽀끔 잉어 두 마리가 따라 읽는다

북한강 잔파도 위를 날으던 흰 구름에
소식 적어 보내오니
오리는 입에 물고 꽥꽥거린다

연지 쪽포에서 떨어지는 물방울 소리가
또박또박 걸어오는 발자국처럼 소문으로 번진다

잉어 두 마리 귀띔으로 배운 글 읽는 소리에
오리 한 마리가 자유롭게 유영을 한다

* 초당 옆 연못에 돌을 쌓아 연지석가산이라 하고 그곳에
  잉어 두 마리와 오리 한 마리를 키웠다

초복

햇볕이 소나무 가지에 걸터앉아 있다
더위에 바람은 꼼작도 않는데

이파리 그늘이 내려와
대나무 평상에 드러눕는다

바람이 따라 내려와 옆에 앉더니
'오늘 초복인데' 겨우 하는 말이 들린다

'삐약, 무슨 소리예요'
평상 밑에서 어미 품에 있던
귀여운 병아리가 까만 눈을 똥그랗게 뜨고
이쁜 입을 삐쭉인다

'네끼 녀석들'
순간 갈기 잔뜩 세운 어미의 천둥벼락 치는 소리에
그늘이 잽싸게 바람 어깨에 매달려
천일각 소나무 사이로 줄행랑을 친다

비추던 햇볕이 웃음만 짓는다
오늘이 초복이다
올 초복에는 콩물국수 한 사발 들고
다시 평상으로 내려가야지

평화, 비둘기

탁탁,
세상을 향한 두 생명이 알을 터뜨린다

꾸 꾸욱
꾸 꾸 꾸
어미가 부른다

잠방이 차림의 아빠 비둘기는
날마다 과일과 고기를 준비하고
이웃에서 꼬꼬네 이불도 빌려다가
따뜻한 아랫목에 뉘어 아내 비둘기를 정성으로 돌본다

열여드레쯤에 박혁거세*처럼
이란성 쌍둥이가 태어났다
바로 어제의 일이다

고개를 이리저리 내두르며
엄마 비둘기의 하얀 치마폭에 싸여

배냇저고리에 색실 팔찌** 걸고 배시시 웃는다

아직은 품에 있다
하얀 모시옷 입은 형 비둘기들이 땀을 뻘뻘 흘리며
하얀 부채를 들었다

해는 중천이어서 아직 많이 덥다
엄마 비둘기의 눈동자가 걱정스러운 표정이다

    * 이름이 아닌 손호로 '밝은 세상'
    ** 무병장수의 복을 기린다

장롱 속에 산다

오동나무에 조가비 장식이 되어 있는
솟을대문으로 들어간다

정원에 들어서니
배롱나무 그늘에서
잉어와 놀던 참새가 반기며 달려가 문을 연다

1층에는 여인들의 재봉틀 소리가 달달거린다

오동나무 계단을 밟고 2층으로 올라갔다

주위의 벽에는 삼나무 향기가 풍긴다
쪽머리 곱게 빗은 울 엄마가
동정 깃을 인두로 다리고 계시더니
장롱 문을 활짝 열고 웃으신다
엄마랑 이 집에서 살기로 했다

매화꽃이 벽에 가지런히 피어 있고

방바닥은 박태기꽃처럼
비단 이불이 따뜻하게 깔려 있다
검은 자개장롱이다

주위에는 갖가지 아름다운 소리를 가진
새들과 매미가 놀 수 있는
큰 소나무도 한 그루 있다
저녁노을로 차를 끓이고 장롱 속에 살게 되었다

한지로 도배를 하고
곱게 간직한 삼베를 바닥에 깐다

백일홍의 신음

윤슬로 반기던 연지
동토 되어 쇠락하고
양지는 간데없어
후박 장송 뇌성뿐

임 생각
그리워지니
만고 회한 두렵구나

배롱은 그 자리에서
겨우겨우 연생연멸
소갈병이 번져
덕지덕지 애처롭고

온 골에
신음이 겹쳐
새소리 들릴 길 없네

* 다산초당 옆 백일홍이 큰 나무 밑에서 병이 들었다

애기 비둘기

문은 열어 둔 채
비둘기 혼자서 울고 있다

붉은 노을빛이 처마에 웅크릴 때까지
산 그림자 혼자서 들락이는데
애기 비둘기 온데간데없다

불어오는 바람에 바스락거리는 옥수수 이파리가
어미의 가슴을 자꾸 쓸어내려 주고

어젯밤 이슬 젖은 채
혼자 들어오지 못하고 문밖을 서성이더니

온종일 앞산 소나무에 까만 눈망울 시리도록 얹어 놓고
목쉰 울음을 구국 구 삼킨다

뿔구사리 통째로 보듬은 채
메아리 산허리 감고 돌아올 기색 없다

걸어온 흔적

손가락
마디마디 굳은살 거칠어진다
손 등의
굴곡에는
해도 달도 뜨고 지고
내 인생
삶과 죽음 앞에
또 다른 시간 있네

샛바람은
주름으로 쉼 없이 들어오고
기울 녘 승강장에
발소리 묻어 있다
똑,
똑,
똑,
고드름 떨군 설움을
손수건으로 닦지 못해

심장에 피는 홍매

살갑게 적신 풀잎의 속닥거림에
발바닥이 간지럽다

다리뼈 추슬러 옮겨 보니
잔디 위 무수한 잔별들이 가로등의 대각선에 서 있다
은하수처럼

똑같은 모습끼리 서로 소스라거린다
잔디에 하얗게 내린 이슬을 밟으며
왼 가슴으로 홍매 한 송이 심장에 뜨겁게 핀다

안개가 돌 틈에서
갓 솟은 수선화에게 입술을 뺏기고
솔바람 향기가 잔디에 몸을 누인다

산들바람 품은 쌀

산들바람
불 때마다

첫사랑의
설렘처럼

어느새

수원이골을
찾아온
가을

침묵 뒤로
생각마저
반짝인다

가을 앞에 선 민들레

석류의 신물이 허공으로 흐르고
미처 느낄 새도 없이 가을이 쉽게 지나간다

아들 하나 없는 할머니의 구멍난 바구니에는
빠알간 고추가 한가득 들어 있다

리어카가 할머니의 저는 다리 한쪽을 잡고 걸어온다

고단한 그림자에서는
걸을 때마다 불평등한 소리가 티덕거리며
온종일 곁을 떠나지 못한다

담장 안쪽에 빨갛고
달콤한 꿈처럼 가지마다 홍시가 열린다

패인 주름골에 해그늘 지고
리어카는 굳은 손바닥을 쫘악 편다

민들레처럼 가을 앞에서 할머니가 웃으신다

■ 해설

다산을 그리며 세상에 전하는 메시지

金　宇　鐘
〈문학평론가·창작산맥 발행인〉

1. 윤정인 시인의 시간적 공간적 확대

　윤정인 시인은 전남 강진 사람이며 자칭 농부이기도 하다. 그는 자신이 한반도 땅 끝 넓은 평야에서 유기농 쌀농사를 한다고 말하는데 그처럼 넓은 평야에서 곡식이 익어 갈 때마다 가슴속에서는 시가 익어 가고 있었던 것 같다. 하늘과 바람과 땅이 곡식을 익게 하듯이 그는 그곳의 하늘과 바람과 땅이 키운 시인이다. 내가 읽은 작품들이 모두 그 고장의 시간적 공간적 배경의 산물이기 때문이다. 이 가을에 그가 거둬들인 시를 만나게 되고 이것이 시집으로 묶인다니 반갑다. 이것이 시집이 되니 윤정인의 곡식이 그렇듯이 윤정인 문학도 온 천지로 퍼져 나가면서 우리들의 마음의 양식이 될

것이다.

  사람은 누구나 운명적인 특정 시간과 공간의 산물이다. 어느 특정 시기에 특정 공간에 뿌리를 내리게 된다. 그렇지만 어느 길가 콘크리트 바닥 틈에 뿌리내린 작은 민들레도 하얀 깃털 날개를 달고 온 세상에 자신의 분신들을 보내며 황금빛 세상을 만들어 줄 수 있듯이 윤정인 시인도 시집을 통해서 온 세상 사람들의 가슴속에 뿌리내릴 준비를 마쳤다.

  윤정인 시인이 사는 곳은 조선조 후기에 인생의 가장 활기 충만하던 시기의 18년간을 그 고장 산비탈 작은 초가나 이느 주막집에 기식하고 살던 사내의 경우와 비슷하다.

  다산은 매우 작은 공간에 유폐되었지만, 폭발적인 원심력으로 시간과 공간을 초월하여 오늘에 이르고 그 정신은 미래로 쉬지 않고 전해지고 있기 때문이다.

  윤정인은 시인이라는 점에서는 그와 공통점이 있지만, 개혁 사상의 정치가도 아니고 벼슬길에 오른 일도 없으니 작은 공간에 갇힐 일도 없겠지만 그는 그를 존경하고 흠모하는 것 같다. 큰 사람이 머물다 간 자리가 그의 문학을 많이 키워 온 것 같다. 너무 허전한 공간인데 그는 그곳의 물소리 바람 소리에서 그의 강론을 듣고 향기를 마시고 어찌다 누군가의 흐느낌을 듣기도 하며 시가 여물어 간 것 같다.

　윤정인의 시를 '다산 연가(茶山戀歌)'라고도 불러 봤는데 틀린 말은 아닐 듯싶다.

　윤 시인의 대표적인 작품들 대부분이 다산을 존경하고 흠모하는 정서이기 때문이다. 그렇지만 달콤한 러브송은 아니다.

2. 시적 공간으로서의 다산초당과 기법

　윤정인의 시적 공간은 자연을 배경으로 하지만 멋지고 훌륭한 건축된 자연이 아닌 작자가 느끼는 순수한 느낌을 꾸밈없이 살려 냈다. 둥근달과 손자의 동그란 얼굴, 굴렁쇠처럼 둥글둥글 모나지 않은 마음이 순수의 표상으로 작품이 내면화되어 나타냈다. 그러나 작가는 하고 싶은 말과 하고자 하는 책임감도 있다. 세상의 부조리함에 달에게 외침이 되어 비록 희미한 그림자의 달빛이라도 구석구석 빛을 내고자 한다.

한쪽으로 기울어진 시간과 불공평한 세상살이

소외된 헛간의 주목하지 않는 의료혜택 속에
그나마 성한 마음 하나가 남아
　　　　　－「장애를 입은 지게」부분

　다산 정약용이 유배지로 가 있는 땅 끝 마을이지만 지금은 하루면 왕복을 할 수 있는 거리이다. 비록 초야에 농부시인이지만, 세상 돌아가는 것쯤은 더 크게 외치고 있다. 의료분쟁으로 한참 힘들고 억울하게 치료를 못 받고 떠난 사람들도 많다. 작자는 이 부분도 세밀한 기법으로 지게를 차용해서 세상에 문제점을 던지고 있다. 모두가 공평하게 잘 사는 것 또한 정약용의 실학사상에서 나타내고 있다. 윤 시인도 초당 처마 끝 낙숫물이 떨어지는 지근거리에 초당은 아니고 기와집을 지니고 살지만, 정신과 문학이 나타내는 것은 심미안으로 보여 주고 있다.
　문학의 지리적 배경은 땅 끝 마을 강진군이고 더 축소하면 다산초당이다. 초당(艸堂)은 초가집이다. 풀 중에서도 난초나 지초처럼 향기로운 상류층에 속하지 않은 초당이다. 지금이야 초가집은 찾을 수 없지만, 초당에 봄이 먼저 오고 뜨거운 여름의 정열의 배롱나무 꽃잎처럼 열정을 가진 다산을 빼놓을 수가 없다.

　죄수의 수형공간 위리안치(圍籬安置)는 문밖에도 못 나가는 것은 아니었다 해도 날씨에도 체감온도가 있듯이 체감공간의 크기는 더 협소했을 것이다. 그곳은 물리적으로 유폐된 공간이기 때문이다. 그는 사랑하는 처자식이 있는 한양에 갈 수 없고 그들을 불러들일 수도 없는 것이었다.
　만덕산 기슭을 더욱 붉게 물들이고 계곡의 물길을 마당으로 들여와 석가산 한 자락에 몸과 마음의 흐름을 대신 달래주고 있음을 작자는 시에서 고풍스러운 선비이며 문인인 다산의 그림자를 다시 살려 냈다. 비록 죄인의 몸으로 살아가고 있지만, 그 마음가짐은 〈정석(丁石)〉만큼 반듯하다.

　'죽림 사이 흩어진 길을 한데 모으니/ 강진만의 올곧은 길 하나 생긴다// 정석丁石이 새겨진 초당 가는 길이다'. 다산은 작은 공간에서도 크게 활용할 줄 아는 문인이며 대학자이다. 까마득한 후배 문인이 대선배를 시로서 나타낸다는 것은 어설픈 것일 수 있다. 그것도 초당 토방에 내리는 한줄기 물을 마신 윤 시인은 초당을 지붕 삼아 삶의 터전을 일구었다는 장점과 구석구석 역사를 꿰고 있다고 본다면 누구보다 다산을 시제로 삼을 수 있지 않겠는가. 몇 편의 시를 살펴봐도 수시로 다산에 대한 연구를 수년간 집어봤다는 증거다.

사시사철은 고사하고 꽃이 피고 지고 낙엽이 지고 겨울이 오고 감에 오르고 내리며 비질을 하며 작자는 숭고힌 미음을 시에시 한 줄 한 줄 거미가 뱃속에서 실을 잦듯이 시어로 씨줄과 날줄로 엮어냄은 구성이 단단하고 작자의 마음을 그대로 보여 준다.

3. '다산 연가' 의 사람들과 초당 풍경

한용운은 그가 연모하는 대상을 '님'이라 불렀다. 연모라 하고 님이라 말해도 이것은 남녀관계는 아니지만, 한용운의 님이 '단풍나무 숲으로 난 작은 길을 걸어서 차마 떨치고' 갔기 때문에 그의 연가는 비가(悲歌)로서의 슬픔이 있듯이 윤정인의 시에서도 그것은 떠난 님의 슬픔을 지닌다.

그런데 윤정인 시인은 시적 창작의 모티브가 되는 슬픔에는 두 여인과 불특정 다수로서의 제자들을 비롯한 강진 사람들이 있다. 다산의 본처와 유배지의 배수첩과 그를 따르고 우러러보던 사람들이다. 물론 여인 관계 등은 확실한 학술적 연구가 뒷받침되어야 가능한 주장이지만 그동안의 많은 연구자들의 성과만으로도 이 정도의 추리는 무리가 아닐 듯하다.

먼저 현장부터 찾아가 보자.

윤 시인은 다산이 머물던 자리를 「다산초당 가는 길」에서 이렇게 표현하고 있다.

다향이 댓잎의 바스락거림에서 깨어난다

뿌리의 길에 적막이 깃들고
돌계단 하나씩 세며 서암을 지난다

음각의 정석을 지켜온 병풍바위를 내려오니
약천의 조롱박에는 동백잎 하나 떠 있다

세월에 뒤틀린 툇마루 앞에 서서 초상화에 묵례 올리니
다조의 물 익어 가는 맛이 어금니에 꽉 낀다

오리 한 마리가 바랜 낙엽을 깔고
연지 폭포가 석가산의 좌돌을 두드린다

백일홍 분홍빛은 죽은 듯이 고요한데
녹음에 젖은 골짜기는 새소리만 청량하다

천일각의 상투머리 잡고 햇빛 혼자 앉아서
구강포 흐르는 물에 속가슴 날마다 씻어 보낸다

노을도 차를 끓이니
곡우차 향이 초당의 기왓장 속으로 들어가고
일상의 일탈과 게으름은
다산 선생님의 말씀으로 모두 녹아내린다
  ―「다산초당 가는 길」 전문

한 작품 전체를 인용했는데 다산초당으로 찾아가서 다산의 초상화에 묵례를 하게 되는 데까지의 전경이 거의 모두 담겨 있는 작품이다. 전경을 충분히 담으려면 장편 시가 되겠지만 한두 쪽에 집약시키려니 아쉬움이 따랐을 것이다. 그래도 간결한 그림 속에서 당대 고통받던 선구자의 맑고 고운 영상이 그대로 떠오른다. 그가 스스로 파낸 샘물(약천)을 떠서 끓여 마시던 다향과 그 모습이 떠오르고 제자들을 가르치던 말소리가 그대로 들려온다.

시로 말해 주는 초상화 영상 앞에서도 머리가 숙여진다. 얼마나 힘들었을까? 얼마나 외롭고 억울했을까? 배고프고 서러운 백성들을 위해 제도를 개혁하고 근대화를 서두르려던 실학자의 웅지가 비참하게 꺾이고 갇혀 있던 자리다. 함께 위로하고 격려하고 편지라도 전하던 형님이 먼저 돌아가셨다는 소식이 전해지니 그 아픔을 누가 가늠이나 할 수 있었으랴? 그래도 흐트러짐 없이 앞마당의 다조(불을 지피던 돌)에서 물을 끓여 차 한잔으로 아픔을 달래고 그 많은 업적을 쏟아내던 그의 모습을 윤 시인은 이 그림 속에 압축해 놓으려 애쓴 모습이 역력하다.

전체적으로 이 작품이 전하는 풍경은 정적과 슬픔이다.

'다향이 댓잎의 바스락거림에서 깨어난다' 했듯이

'바스락거림'은 정적 속에서만 들리는 작은 소리다. 그래서 '뿌리의 길에 적막이 깃들고' 있다고 했다. '뿌리의 길'도 인적이 드물어 조용한 공간의 표현이다. 사람이 많이 다니면 풀도 자랄 수 없는데 여기는 소나무 뿌리들이 지상으로 뻗어 있다고.

'연지 폭포가 석가산의 좌돌을 두드린다'는 것도 그렇다. '연지 폭포'라 했지만, 대롱을 타고 작은 정원의 웅덩이에 흘러내리는 물소리다. 그래도 그 물소리가 폭포 소리가 되는 것은 그만큼 고요하기 때문이다. 그런데 참 슬프고 외롭다.

'약천의 조롱바에는 동백잎 하나 떠 있다' 한 것도 슬픈 그림이다.

떨어진 잎이니 슬프고 외로운 존재다. 물론 그것은 아름다움을 위한 회화적 효과로서 우수한 기법이 되기도 하지만 동백꽃은 그 조롱박으로 약천을 떠마시던 임자를 의미한다. 다산이 그렇게 떨어진 꽃잎이며 그렇게 떨어졌어도 여전히 붉고 반짝이기 때문이고 그래서 슬프다.

천일각의 상투머리 잡고 햇빛 혼자 앉아서
　　구강포 흐르는 물에 속가슴 날마다 씻어 보낸다

　작품의 끝머리는 이렇게 슬픔을 고백한다. 흐르는 물에 날마다 가슴속 무엇을 씻어 보냈단 말인가? 다산이 그랬다면 그는 초당에 살던 날부터 10년간 그렇게 가슴속 슬픔을 씻어 보내던 모습이 그려진다. 그리고 '노을로 차를 끓이니'라 했으니 이는 다산의 아픔을 단 한 마디로 훌륭히 형상화한 시어 선택이다.

　노을은 적셔이니 '저녁에 우는 새는 님이 그리워 운다' 했듯이 그리움과 외로움 또는 인생의 마지막 시간 같은 감성의 집약적 이미지가 된다. 다산초당의 그의 내면적 고통을 한 마디에 집약시킨 기법이다. 또 그것은 회화적인 미적 효과를 지닌다. 노을은 아름답기 때문이다.

4. 배롱나무와 전설

　역사의 슬픔까지 추적하면 조선 후기 실학파의 슬픈 역사가 있다. 신유박해까지 슬픔만은 아니다. 그 슬픔은 다산 때문에 슬퍼진 사람들이 있고 그 얘기가 뻔지만, 이야기를 줄이더라도 두 여인과 다산과 그가 머물렀던 다산초당이 그 역사와 하나가 된 슬픔이며 그것이 시가 되고 있음은 기억하고 지나가야겠다.
 그 시 속에 배롱나무가 있다.

 그리움에 목멜까
 못다 보낸 사연이 있을까
 허공의 발걸음 소리에 귀 기울이네

 품어줄 이 없으니
 까만 부스럼에 세월만 부끄러워하네

 이제는 가고 없는
 석가산의 그 빨간 백일홍
   - 「석가산 배롱나무」 부분

「석가산 배롱나무」에서 배롱나무는 님을 보내고 병들어 있는 나무다. 다산이 병들었을 때 그를 돌보고 마침내 그가 힘내고 그처럼 방대한 업적을 남기게 된 배경에 배수첩(配囚妾 또는 配修妾)이 있었다면 다산이

해배 후 한양으로 돌아갈 때 딸과 함께 데리고 가다가 돌려보낸 여인이 배롱나무가 된다는 속설처럼 처연하게 붉다고 표현했다.

    토방에서부터 뒷마당까지
    구석구석 깨끗이 쓸고
    먼지 낀 마루도 말끔하게 닦아냈다
                  -「초당의 연지 폭포」 부분

「석가산 배롱나무」, 「초당의 연지 폭포」, 「사투리로 피는 백련사 백일홍」에서는 이 나무가 이처럼 객관적 사실의 직설법으로 나타난다.

  석가산은 다산초당 옆의 연지에 있는 작은 돌섬이다. 석가산과 연지는 같은 장소로 보지만, 또 다른 장소로 의미를 부여한 것이 시간에 따라 나타나는 연모의 정으로 봐야겠다. 강진만을 보며 모티브를 했을 듯한 작은 섬을 다산초당에서 내려다보이는 강진만과 비슷한 모형의 연지 가운데다 작은 돌섬을 만들고 석가산이라 불렀다.

  눈과 얼음이 녹아 삼나무 대롱을 타고 내려 흐르면서

연지가 되고 있는데 작자는 그 물소리를 초당의 글 읽는 소리에 비유하고 있다. 그리고 그 연지 옆에 배롱나무(백일홍)가 있었던 것으로 표현된다.

여기서 배롱나무는 슬픔의 어떤 주체로 의인화 되어 있다. '그리움에 목멜까/ 못다 보낸 사연이 있을까/ 허공의 발걸음 소리에 귀 기울이네' 했으니 슬픈 연가다.

그리다가 목이 멘 주체와 대상은 누구일까?

'품어줄 이 없으니/ 까만 부스럼에 세월만 부끄러워하네' 했으니 주체는 여성이고 대상은 남성인 러브 스토리다.

러브 스토리의 두 여인이라면 다산의 아내와 배수첩밖에 없다.

다산이 어떤 여인과 이별했었다면 우선 아내 홍혜완이 있다. 그녀는 다산에게 신혼 초의 분홍치마를 보냈다. 다산은 이것을 잘라서 두 아들에게 남겨 줄 글을 써서 하피첩(霞帔帖)이라 했다. 행복했던 신혼 초의 기억을 지닌 것이니 해피첩이라 해도 되겠지만 유배지에서 거의 10년을 지나 퇴색해서 엷은 노을빛이 되었으니 해피(Happy)가 하피가 되었나 보다. 그리고 그만큼 아내도 생과부가 되고 외로움 속에서 젊음을 잃었을 것이다. 결혼하는 딸을 생각하며 그려 준 매화도도 퇴색한 노을빛 캔버스였을 것이다.

분홍빛 치마가 누런 노을빛이 되었으니 그만큼 긴 세월에 분홍빛을 잃고 노을빛이 된 아내를 생각하는 다산도 가슴이 메어졌을 것이다. 그때 토해 내고 씻어내던 슬픔이 다향과 함께 방 안에 스며들었을 터이니 '그리움에 목이 메었다'는 주체는 다산이 된다.

그렇지만 다산이 그린 슬픔의 주체가 되기에는 논리적 모순이 있다. 전체 문맥이나 어휘의 특성으로 보면 그것은 여인이다. 배롱나무의 이미지가 이 시에서는 여인이다. 또 배롱나무의 표피는 남자가 만지고 싶어 하는 여자의 매끄러운 하반신이다. 그리움과 슬픔이 쌓여서 '까만 부스럼에 세월만 부끄러워하네'라는 탄식이 된다.

'이제는 가고 없는/ 석가산의 그 빨간 백일홍'. 그래서 '대롱에서 떨어지는 물소리만' 들리고 '간간이 흐느끼며/ 저 멀리 강진만을 바라보'고 있다 했으니 초당에서 이렇게 흐느끼며 행여 님이 돌아오실까 하며 강진만을 바라보고 있을 사람은 다산과 작별한 배수첩 홍임 엄마밖에 없다. 흐느낀다 라고까지 말했으니 이것은 한용운이 말하는 '님은 갔습니다' 가 아니고 처절한 여인의 통곡이다.

> 백련사 풍경 소리
> 들리듯 말 듯한데
> 꽃잎조차 사투리로 벙그는구나
> —「사투리로 피는 백련사 백일홍」부분

 백련사 백일홍은 위에서 나타낸 백일홍과는 아주 다른 의미가 있다. 위에서는 엇갈린 사랑이라면 백련사 백일홍은 '꽃잎조차 사투리로 벙그는구나' 이 한 행에서 강인한 남성으로 봐야겠다. 시대를 훌쩍 뛰어 고려로 거슬러 올라가게 된다. 도성은 멀고 왜구들은 남쪽 바다를 내 집처럼 드나들고 승려와 함께 결기를 한 곳이 백련사. 백일홍은 '백련결사' 로 붉게 핀 꽃이다. 사투리의 강인함과 열정으로 지켜 낸 강진만 땅 끝 마을의 의미로 보아야겠다. 하나의 꽃이지만 백일홍의 뜨거운 열정만큼은 윤 시인의 역사관과 맞아떨어진다.

5. 언어미학으로서의 기법과 우리 문단에 전하는 메시지

언어예술이 미적 감동을 줄 수 있는 최선의 표현기법은 은유법이다. 윤 시인은 이 기법을 잘 구사하고 있다.

가스통 바슐라르는 이미지의 현상학에서 아름다움은 곧 은유법으로 생성되는 가슴의 울림이라고 설명하고 있다. 쉽게 말해서 보조관념을 통해서 원관념에 도달할 때의 감동을 아름다움이라고 규정한 것이다. 그가 말하는 감동은 가슴의 울림이며 이는 손으로 만져서 느낄 수 있고 볼 수도 있는 현상의 실체다.

> 암소의 정갱이가 도드라져 튼실하다
> 땀 젖은 코뚜레에 숨이 붙고
> 콧물이 입가의 긴 혀를 핥는다
> 쇠발굽 소리에 느린 오월이
> 한 사발 시름을 담아 보습에 내려놓는다
> 성에를 꽉 쥐고
> 이랴 이럇,
> 애기 일꾼의 논가는 베잠방이가 땀에 젖는다
> 식을 줄 모르는 한낮의 더위에
> 볏이 굳은 땅을 갈아엎는다

무논에 기운 오후
누워 있던 논두렁이 길게 하품을 하고
궁둥이를 석양에 턱 내려놓는다
─「깔담살이」부분

　시어의 맛을 제대로 살린 작품이라고 본다. 투박한 듯 전라도 방언으로 무심하면서 툭툭 던지는 듯하면서 씰룩거리는 소의 엉덩이는 이 시에서 야릇한 뉘앙스로 어린 농부의 사춘기가 성의 본능으로 맛을 살려 냈다. 고삐를 잡은 어린 주인과 소가 콧김을 내뿜는 힘의 교감을 잘 살려 내므로 힘센 소와 사춘기 어린 농부의 대립 구도는 평행으로 이루어진다. 비록 소와 인간이지만 주체할 수 없는 힘은 사래 긴 밭갈이에서 제 역할의 인내가 잘 나타난다.

탁, 탁, 탁,
떨어지는 삼나무 대롱의 물소리가
연지로 목민심서를 읊어 내리듯 경쾌하다

돌 오리 한 마리가 물을 받아 마신다
'청렴한 이후에 백성을 사랑할 수 있다'는

다산의 가르침이
오리주둥이에서 흘러내린다
　　　　　－「초딩의 연지 폭포」 부분

　이상 몇 작품에서 은유법의 예를 들어봤지만 '초당의 연지 폭포'에서 '목민심서를 읊는 소리'는 직유법이다.
　기타 거의 모든 작품에서 은유법이 구사되고 있으며 이는 작자에 따라서 자칫 한계를 넘는 기법이 되기도 하기 때문에 독자와 소통이 단절되는 단점도 있다. 여기 인용한 윤 시인의 은유는 독자에게 친근하게 전달되고 공감을 준다.
　그 친근성과 공감도는 소재와 어휘의 원형적 성격이 크게 작용한다. 금목수화토 5행은 모든 사물의 원형(Arketype)이다. 그것은 태고의 신화적 상상력을 유발한다. 추적추적 비가 내리면 혼자 남아 멀리 떠나버린 누군가에 대한 그리움이 솟고 슬픔이 솟는다. 왜냐고 이유를 따질 필요도 없다. 호모사피엔스가 태고에 살 적부터 그랬고 유전자를 통해서 기억에 남아 있다.
　윤정인 시인이 「강진만을 나는 새」 말미에서 추적추적 비가 내린다고 한 것은 그처럼 슬픔 외로움을 대신

하는 원형적 어휘이기 때문에 누구에게나 빠르게 깊이 있게 공감을 준다. 같은 작품에서 '그리움이 하늘을 날을 때'라 한 것도 우리는 예부터 먼 하늘을 쳐다보면 그리운 고향과 사람이 떠올랐기 때문에 그 표현이 나온 것이다. 김소월이 「엄마야 누나야」에서 엄마 누나 강변 은모래 빛 갈잎 등 동원된 소재와 어휘들이 모두 그런 의미에서의 친근성을 지니기 때문에 공감도가 높아진다.

요 시인의 작품 세계가 낯선 용어들이 남발되는 도시가 아니고 만덕산 기슭의 초당이고 농촌이면서 그런 친근한 용어가 효율적으로 살 쓰이고 있기 때문에 공감도가 높다. 이런 공간적 특성과 함께 그 소재는 지금부터 약 200여 년 전이라는 시간적 거리를 두고 있다. 그러므로 정약용이라는 인물에 대한 흠모의 정 때문만이 아니라 멀리 흘러가고 다시 돌아올 수 없는 과거사이기 때문에 그리움을 유발한다.

그리고 다산초당을 중심 소재로 삼았다면 이는 우리가 존경하고 흠모하는 인물로서의 매력뿐만 아니라 글 읽는 소리 외에 슬픈 사랑의 통곡 소리마저 절실하기 때문에 가슴을 깊이 찌를 수밖에 없다.

　해방 후 우리 역사도 양심적 지식인들의 수난의 역사라면 이것은 다산 정약용의 수난사의 연장선에 있다. 그리고 다산이 유배지에서 남긴 역할은 오늘의 지식인들에 대한 각성의 메시지이며 격려와 희망의 메시지도 된다. 그러므로 그를 되새겨 주는 이 시집은 작자의 개인적 관심사가 아니라 우리의 무기력한 문단에 던지는 메시지가 될 수도 있다.

　그런데 다산이 이 공간에 갇혀 있었고 윤정인의 문학도 넓은 세상이 아니라 그 소재가 이 공간에서 나오는 것이지만 다산이 여기 있었기 때문에 500여 권 실학파의 거목이 되고 2천여 편의 시인이 되었듯이 윤정인의 시도 이곳을 명당으로 삼고 성숙해서 온 세상 사람들의 가슴을 적셔 주게 될지도 모른다. 시가 전해 주는 이미지들이 그렇게 가슴을 아리고 시리게 하는 경우들이 있기 때문이다.

　그 메시지가 훌륭한 언어예술로서 큰 종소리가 울리듯 온 세상 독자들의 가슴을 울려 주었으면 좋겠다.

윤정인 시집
다산초당 가는 길

초판 인쇄 2024년 11월 21일
초판 발행 2024년 11월 28일

지은이 | 윤정인
펴낸이 | 김효열
편 집 | 이미정
펴낸곳 | **을지출판공사**

등록번호 | 1985년 2월 14일 제2-741호
주   소 | 서울시 마포구 양화진길 41, 603호
우편번호 | 04083
대표전화 | 02) 334-4050
팩시밀리 | 02) 334-4010
전자우편 | ejp4050@daum.net

값 15,000원

ISBN 978-89-7566-242-3   03810

* 지은이와 협의하여 인지는 생략합니다.
* 잘못 만들어진 책은 구입하신 서점에서 교환해 드립니다.